Novena de Santa Ana e São Joaquim

EDELVAN JOSÉ DOS SANTOS

Novena de Santa Ana e São Joaquim

EDITORA
SANTUÁRIO

DIREÇÃO EDITORIAL:	Pe. Fábio Evaristo R. Silva, C.Ss.R.
	Pe. José Luís Queimado, C.Ss.R.
COORDENAÇÃO EDITORIAL:	Ana Lúcia de Castro Leite
COPIDESQUE:	Luana Galvão
REVISÃO:	Sofia Machado
DIAGRAMAÇÃO E CAPA:	Maicon Santos

Textos bíblicos extraídos da *Bíblia de Aparecida*,
Editora Santuário, 2006.

ISBN 978-65-5527-215-4

1ª impressão

Rua Pe. Claro Monteiro, 342 – 12570-000 – Aparecida-SP
Tel.: 12 3104-2000 – Televendas: 0800 - 0 16 00 04
www.editorasantuario.com.br
vendas@editorasantuario.com.br

Ana e Joaquim: os pais de Maria

Santa Ana e São Joaquim são os pais da Virgem Maria. Ainda que haja poucos dados biográficos, existem referências sobre os avós de Jesus Cristo no protoevangelho de Tiago, livro escrito possivelmente no século II e não incluído entre os Evangelhos Canônicos.

O nome Ana vem do hebraico Hannah e quer dizer "graciosa, cheia de graça"; o nome Joaquim, também de origem hebraica, significa "Deus estabeleceu". A família de Santa Ana era descendente do sacerdote Aarão, e a de seu esposo era descendente da família real de Davi.

A tradição nos conta que Ana casou-se bem jovem com Joaquim, um homem de posses e de boa reputação na sociedade. Viviam em Jerusalém, possuíam bom relacionamento com o povo de Israel. Contudo Ana era muito julgada pelas pessoas por ser estéril, por não conseguir engravidar, apesar de estar casada há muitos anos.

Pela falta de conhecimento, naquela época, a esterilidade do casal sempre era atribuída à mulher, que era considerada amaldiçoada. Enquanto ela sofria com as severas humilhações do povo de Israel, Joaquim era censurado pelos sacerdotes por não ter herdeiros.

Apesar do rebaixamento sofrido, Ana e Joaquim confiavam em Deus, oravam no templo e pediam forças para se manterem firmes na fé. Certo dia, Joaquim sentiu a necessidade de se retirar para o deserto, a fim de orar e fazer penitência.

Foi nessa ocasião que o anjo do Senhor lhe apareceu e lhe informou que suas preces haviam sido ouvidas.

No mesmo instante, Ana recebeu a visita do anjo e confirmou que ela seria mãe. Desse modo, pouco tempo após o regresso de Joaquim para casa, ela engravidou. Certamente, pelo sofrimento, Deus os havia preparado para uma grande missão: dar à luz a uma menina, a escolhida de Deus, a virgem pura e concebida sem pecado.

Conforme a tradição católica, Santa Ana deu à luz na idade avançada, em 8 de setembro, aproximadamente do ano 20 a.C. e pôs o nome de Miriam em sua filha, que, em hebraico, significa "Amada de Deus" e que, na tradução para o latim, passou a ser Maria.

Pelo intermédio divino, o escárnio e a zombaria foram deixados para trás, pois aqueles que eram humilhados passaram a ser exaltados pelos povos como os pais de Nossa Senhora, a mãe do Salvador.

Santa Ana e São Joaquim são elementos de essencial valor na história da Salvação. Não apenas pelo nascimento de Maria, mas também pela formação que deram à futura Mãe do Messias.

No ano de 1584, o papa Gregório XIII determinou que, em 26 de julho, fosse celebrada a festa de Santa Ana. Na década de 1960, o papa Paulo VI uniu a essa data a festividade de São Joaquim. Nesse dia, também comemoramos o dia dos avós, em homenagem aos bem-aventurados avós de Jesus Cristo.

Oração inicial

– Em nome do Pai, do Filho e do Espírito Santo.
– Amém!
– A nossa proteção está no nome do Senhor,
– que fez o céu e a terra!
– Ouvi, Senhor, minha oração!
– E chegue até vós o meu clamor!

– Vinde, Espírito Santo, enchei os corações de vossos fiéis e acendei neles o fogo do vosso amor. Enviai vosso Espírito, e tudo será criado! E renovareis a face da terra! Oremos: Ó Deus, que instruístes os corações dos vossos fiéis com a luz do Espírito Santo, fazei que apreciemos retamente todas as coisas, segundo o mesmo Espírito, e gozemos sempre da sua consolação. Por Cristo, Senhor nosso. Amém!

Oferecimento da Novena
Ó amantíssimos pais de Nossa Senhora, São Joaquim e Santa Ana, queremos vos saudar e bendizer com

toda devoção e todo amor. Sentimos a alegria do digno privilégio pelo qual Deus vos escolheu para serdes os pais de Maria Santíssima. Quando a vida parecer estéril, ajudai-nos a confiar na misericórdia de Deus para que produzamos abundantes frutos; quando estivermos confusos, ajudai-nos a encontrar o caminho de volta a Deus; e quando estivermos perdidos no deserto, conduzi-nos de volta àqueles a quem Deus nos mandou amar *(faça seu pedido com fé na providência divina). Nós vos pedimos do fundo da alma que advogueis a vosso misericordioso Neto para que nos ampare em nossos caminhos e ilumine nossos espíritos. Sede nossa companhia na vida e na morte e permaneceis conosco em nossa última agonia, para que recebamos piedosamente os santos sacramentos da Igreja e, partindo deste mundo com o coração contrito, possamos chegar aos céus. Amém.*

Oração final

Deus-Pai, por intercessão de São Joaquim e Santa Ana, concedei-nos a graça de sermos perdoados de nossas falhas. Que possamos cumprir nossa missão, ainda que possamos tropeçar durante nossa caminhada de fé. Senhor Jesus, queremos te pedir uma bênção especial para todos aqueles que chegaram à idade avançada, aos avós, aos que se encontram abandonados nos asilos. Pedimos a virtude de saber valorizar os idosos, de saber dar atenção, carinho e afeto, respeito e dignidade a eles *(Rezar 1 Pai-nosso, 3 Ave-Marias e 1 Glória ao Pai)*. Dai-nos a maturidade para compreendermos e aceitarmos as humilhações pelas quais somos submetidos e, por intercessão de São Joaquim e Santa Ana, auxiliai-nos a aceitar o tempo determinado por Deus para nunca desistirmos da vida. Enfim, pedimos ao Senhor que, em nossa velhice, sejamos amparados em nossas fragilidades, acolhidos em nossas limitações, ajudados em nossas dificuldades. Que sejamos preservados do sentimento de solidão e encontremos um ouvido que escuta, uma mão estendida e um coração que ama. Assim seja. Amém!

Em nome do Pai, do Filho e do Espírito Santo. Amém!

1º Dia

Santa Ana e São Joaquim, consagrados à fecundidade

Oração inicial *(p. 9)*

Palavra de Deus *(1Sm 1,9-11.20-21)*

Depois de terem comido e bebido em Silo, Ana levantou-se. O sacerdote Eli estava sentado numa cadeira à entrada do templo de Javé. Ela, com a alma amargurada, suplicava a Javé e chorava copiosamente. Fez também uma promessa, dizendo: "Javé dos exércitos, se vos dignardes olhar para a aflição de vossa serva e vos lembrardes de mim, se não esquecerdes de vossa serva e lhe derdes um filho homem, eu o oferecerei a Javé por todos os dias de sua vida, e a navalha jamais passará sobre sua cabeça". Passado o devido tempo depois de Ana ter concebido, deu à luz um filho e o chamou Samuel, dizendo: "Eu o pedi a Javé". Seu marido,

Elcana, foi com toda a sua família oferecer a Javé o sacrifício anual e cumprir sua promessa.

– **Palavra do Senhor.**

Reflexão

Santa Ana foi eleita por Deus para ser a mãe da Virgem Maria: a mãe do Senhor Jesus Cristo; desse modo, a natureza não foi capaz de se antepor à floração da graça. A natureza conservou-se estéril, até que a vontade celeste deu seu fruto. O Altíssimo predestinou Ana e Joaquim a serem pais de uma filha sem pecado, pois ela seria a mãe do primogênito de toda a criação, Jesus Cristo, em quem todas as coisas são reconstruídas e conservadas. Santa Ana, mãe da Mãe do Deus Filho, roga por todas as mães cristãs e por todas as mães grávidas! Amém.

Prece do dia

– Senhor, nós vos pedimos pelos casais que sofrem, por causa da esterilidade, que encontrem a graça de serem pais, ainda que seja pela adoção. Rezemos: **Senhor, escutai nossa prece!**

Oração final *(p. 11)*

2º Dia

São Joaquim e Santa Ana, exemplo de fidelidade

Oração inicial *(p. 9)*

Palavra de Deus *(Ef 5,21.25-28)*

Sede submissos uns aos outros no temor de Cristo. Maridos, amai vossas mulheres, como Cristo amou a Igreja e se entregou por ela, a fim de santificá-la, purificando-a mediante o batismo de água, que a palavra acompanha, para apresentar a si mesmo a Igreja, gloriosa, sem mancha nem ruga, nem algo semelhante, mas santa e imaculada. Assim também os maridos devem amar suas esposas como a seus próprios corpos. Quem ama a esposa ama a si mesmo.

– Palavra do Senhor.

Reflexão

São Joaquim e Santa Ana, sois benditos entre todos os casais! Temos a plena consciência de que toda a humanidade sempre estará em dívida convosco, porque vossas mãos ofereceram ao Criador do Universo uma oblação que supera todas as oferendas: consagrar Maria ao Senhor. O amor e carinho de um pelo outro, enraizados e estabelecidos nos preceitos do Senhor, originaram como fruto uma filha bem-querida por Deus, que havia de se tornar a Mãe do Nosso Senhor.

São Joaquim e Santa Ana, patronos do matrimônio santo, rogai pelos casais cristãos! Amém.

Prece do dia

– Senhor, nós vos pedimos pelos casais que se encontram separados, por causa da infidelidade matrimonial, que superem a dor da traição e restaurem seu amor. Rezemos: **Senhor, escutai nossa prece!**

Oração final *(p. 11)*

3º Dia

São Joaquim e Santa Ana, modelo de Igreja doméstica

Oração inicial *(p. 9)*

Palavra de Deus *(Pr 23,15.22-23.25-28)*

Meu filho, se teu coração for sábio, também meu coração se alegrará. Escuta teu pai, que te gerou, não desprezes tua mãe quando velha. Adquire o verdadeiro bem e não o cedas: a sabedoria, a instrução e o entendimento. Que teu pai e tua mãe se alegrem, e exulte aquela que te gerou. Presta bem atenção, meu filho, e teus olhos observem meus caminhos; porque a prostituta é uma fossa profunda, e um poço estreito, a estrangeira. Ela se põe à espreita como um ladrão e aumenta entre os homens o número de infiéis.

– Palavra do Senhor.

Reflexão

Alegrou-se Ana por ser mãe, pois, outrora, era estéril e humilhada por não ter concebido filho algum. Mas a aliança com o Senhor Deus sempre foi fortaleza inabalável, e seu ser inebriou-se pela eterna felicidade. Também Joaquim se encheu de graça por ser o pai daquela menina, da qual nasceu o Menino-Deus, cujo nome é Mensageiro da Salvação universal, o Deus forte.

Rogai por nós, São Joaquim e Santa Ana, para que Jesus Cristo seja o centro de todo casamento cristão e de nossa vida familiar e para que sejamos uma verdadeira igreja doméstica. Amém!

Prece do Dia

– Senhor, iluminai aqueles filhos que maltratam seus pais, seja por palavras ou ações. Que seus corações sejam tocados por vosso Espírito e que o desrespeito dê lugar ao amor. Rezemos: **Senhor, escutai nossa prece!**

Oração final *(p. 11)*

4º Dia

São Joaquim e Santa Ana, agraciados por Deus

Oração inicial *(p. 9)*

Palavra de Deus *(Is 43,1-4)*

"Não temas; eu te resgatei, eu te chamei pelo nome, tu és meu. Quando atravessares as águas, eu estarei contigo: a correnteza não te afogará; quando passares pelo fogo, não te queimarás, a chama não te abrasará. Pois eu sou Javé, teu Deus, o Santo de Israel, teu Salvador. [...] Porque vales muito a meus olhos, porque és precioso, e eu te amo."

– Palavra do Senhor.

Reflexão

Joaquim e Ana, nós louvamos a Deus, pois fostes um casal abençoado e imaculado. Como foi santo e puro vosso amor e quão íntima e admirável aos olhos de Deus foi vossa comunhão! Vós sereis eternamente lembrados pelo fruto que destes, porque diz o Senhor: "É por seus frutos que os reconhecereis" (Mt 7,20). Vossa maneira de viver agradou a Deus e foram dignos de ter uma filha bendita entre todas as mulheres. A união de vosso ser foi fértil e deu como fruto a Mulher do "sim".

São Joaquim e Santa Ana, rogai por nós, para que sejamos frutíferos e fiéis a Jesus Cristo em nossa vida familiar, expandindo assim o reino de Deus, e intercedei a Deus por aqueles que almejam ter um filho, a fim de que sejam também agraciados pelo Pai. Amém!

Prece do dia

– Senhor, que não nos acomodemos diante das injustiças humanas, tenhamos a coragem de lutar pelos direitos de todos, principalmente em favor das famílias. Rezemos: **Senhor, escutai nossa prece!**

Oração final *(p. 11)*

5º dia

São Joaquim e Santa Ana, amados pelo Pai

Oração inicial *(p. 9)*

Palavra de Deus *(Jo 15,9-13)*

Jesus disse: "Como o Pai me amou, assim também vos amei. Permanecerei em meu amor. Se guardais meus mandamentos, permanecereis em meu amor, assim como eu guardei os mandamentos de meu Pai e permaneço em seu amor. Eu vos disse estas coisas para que minha alegria esteja em vós e vossa alegria seja plena. Este é meu mandamento: que vos ameis uns aos outros como eu vos amei. Ninguém tem maior amor do que este: dar a vida por seus amigos.

– Palavra da Salvação.

Reflexão

São Joaquim e Santa Ana viveram uma vida matrimonial casta e santa. Como recompensa desse puro amor nasceu uma joia de eterna virgindade. Maria permaneceu virgem antes, durante e depois de dar à luz. Somente Ela cultivaria a virgindade da mente e da alma, bem como do corpo, por toda a eternidade, sendo escolhida para trazer ao mundo o Autor da Vida.

São Joaquim e Santa Ana, rogai pelos casais que vivem em conflito familiar, para que consigam restabelecer sua vocação matrimonial, pautada no diálogo e na compreensão. Amém!

Prece do dia

– Senhor, que nossa casa seja um lugar habitado pelo compromisso do amor e do perdão, evitando ofensas e agressões. Rezemos: **Senhor, escutai nossa prece!**

Oração final *(p. 11)*

6º Dia

São Joaquim e Santa Ana, templos da castidade

Oração inicial *(p. 9)*

Palavra de Deus *(1Cor 6,13.15.19-20)*

O corpo não é para a impureza; é para o Senhor. E o Senhor é para o corpo. Não sabeis que vossos corpos são membros de Cristo? Ou não sabeis que vosso corpo é templo do Espírito Santo que está em vós e que recebestes de Deus, e que, portanto, não pertenceis a vós mesmos? Fostes, na verdade, comprados por um preço. Glorificai, portanto, a Deus em vosso corpo.

– Palavra do Senhor!

Reflexão

São Joaquim e Santa Ana, queremos rogar que

interceda pela renovação da castidade matrimonial e pela fidelidade. Ó queridos avós de Jesus, que casal casto fostes, que casamento fortalecido pela graça divina e que lar maravilhoso! Enquanto conserváveis a castidade estabelecida pela Lei de Deus, alcançastes, pelo intermédio dos Céus, algo que supera a natureza, ao trazerdes ao mundo a Virgem Mãe de Deus: a mulher que seria a Arca da Nova Aliança, o Tabernáculo do Senhor no mundo.

São Joaquim e Santa Ana, rogai pela renovação da castidade matrimonial e pela fidelidade dentro das famílias cristãs, bem como dentro de toda a Igreja de Jesus Cristo. Amém!

Prece do dia

– Senhor, que tenhamos a castidade como um dos fundamentais princípios dentro de nossa família, a fim de evitarmos que a luxúria e os maus pensamentos tomem dianteira em nossas ações e repudiarmos todo o pecado. Rezemos: **Senhor, escutai nossa prece!**

Oração final *(p. 11)*

7º Dia

São Joaquim e Santa Ana, unidos pelo amor

Oração inicial *(p. 9)*

Palavra de Deus *(1Jo 4,7-10)*

Caríssimos, amemo-nos uns aos outros, porque o amor vem de Deus. Todo aquele que ama nasceu de Deus e conhece a Deus. Mas quem não ama não conheceu a Deus, porque Deus é amor. Foi assim que se mostrou o amor de Deus para conosco: Ele enviou ao mundo seu Filho único, para que tivéssemos a vida por meio dele. Nisto consiste o amor: não fomos nós que amamos a Deus, mas foi Ele que nos amou e nos enviou seu Filho como vítima de expiação por nossos pecados.

– Palavra do Senhor!

Reflexão

São Joaquim e Santa Ana, intercedei para que vivamos a santidade e em comunhão com a Igreja e para que o Sacramento do Matrimônio seja vivenciado no pleno amor, pois um lar feliz só é possível se Jesus Cristo nele habitar. Ele é nosso Senhor, que nos faz desejar amar, e amar sem interesses.

Ajudai-nos a entender que, na fidelidade matrimonial, encontraremos o caminho da salvação de nosso lar. Como Deus sempre é fiel conosco, que sejamos fiéis a nossa família, para que os filhos possam amadurecer na fidelidade dos pais e aprendam o segredo da felicidade e do sentido da vida.

São Joaquim e Santa Ana, rogai pelos casais cristãos, para que vivam sua vocação como um santo chamado, fazendo de sua união um caminho de santidade e estrada para os céus. Amém!

Prece do dia

– Senhor, que busquemos a santidade, sendo pais dedicados e filhos atentos aos ensinamentos familiares. Rezemos: **Senhor, escutai nossa prece!**

Oração final *(p. 11)*

8º Dia

São Joaquim e Santa Ana, os benditos pais de Maria

Oração inicial *(p. 9)*

Palavra de Deus *(Lc 1,39-42.45)*

Naqueles dias, Maria partiu em viagem, indo às pressas para a região montanhosa, para uma cidade da Judeia. Entrou na casa de Zacarias e cumprimentou Isabel. Logo que Isabel ouviu a saudação de Maria, o menino saltou em seu seio, e Isabel ficou cheia do Espírito Santo e exclamou em alta voz: "Tu és bendita entre as mulheres e bendito é o fruto de teu ventre! Bem-aventurada aquela que acreditou que se cumpriria o que lhe foi dito da parte do Senhor!"

– Palavra da Salvação.

Reflexão

Meditemos e imploremos a intercessão da Virgem Maria, filha de São Joaquim e Santa Ana. Bem-aventurados os braços que carregaram a pequenina Maria e benditos os lábios de seus pais, que cobriram com castos beijos, sempre conservando a virgindade.

Toda a terra alegra-se, pois Deus trouxe ao mundo a bendita entre todas as mulheres! Cantemos, exultemos e entoemos hinos! Levantemos nossa voz e não tenhamos medo de glorificar a Deus por tamanha maravilha!

Santa Maria, Mãe do Senhor e filha de São Joaquim e Santa Ana, roga por nós! Assim seja. Amém!

Prece do dia

– Senhor, nós vos pedimos pelos filhos órfãos, que encontrem o amor necessário no convívio com seus avós e, um dia, possam ampará-los na velhice. Rezemos: **Senhor, escutai nossa prece!**

Oração final *(p. 11)*

9º Dia

São Joaquim e Santa Ana, padroeiros dos avós

Oração inicial *(p. 9)*

Palavra de Deus *(Sl 139,13-16)*

Fostes vós que criastes minhas entranhas e me tecestes no seio de minha mãe. Dou-vos graças porque me fizestes maravilhoso; estupendas são vossas obras, bem o sei. Não vos eram ocultos meus ossos quando eu era formado em segredo e era tecido nas profundezas da terra. Eu era um simples embrião, e vossos olhos me virão e em vosso livro foram todos escritos esses dias que me estavam destinados, quando nem um só deles existia.

– Palavra do Senhor.

Reflexão

Roguemos o intermédio de São Joaquim e Santa Ana aos avós, aos netos e à admirável vocação do amor conjugal. São Joaquim e Santa Ana, ensinastes, pelas boas atitudes e pelo caráter, qual é o papel fundamental dos avós, bem como se deve viver com vigor a vocação do amor matrimonial e da vida familiar.

Ajudai-nos, pois queremos ser modelo familiar, disciplinados no diálogo, na compreensão e renúncia aos maus desejos, para sermos testemunhas proféticas do amoroso plano de Deus. Que sejamos realmente a Igreja doméstica em nosso lar!

Por vossa intercessão, junto a Deus-Pai, São Joaquim e Santa Ana obtende para nós a graça de viver nossa vocação de família obediente ao Evangelho e a Jesus Cristo. Amém!

Prece do dia

– Senhor, queremos vos pedir bênçãos abundantes sobre todos os membros de nossa família. Que os avós sejam tratados com dignidade, que marido e mulher vivam na plena fidelidade matrimonial e que os filhos se mantenham obedientes aos ensinamentos de seus pais e avós. Rezemos:

- Senhor, escutai nossa prece!

Oração final *(p. 11)*

Este livro foi composto com as famílias tipográficas Calibri e Bellevue impresso em papel Offset 75g/m² pela **Gráfica Santuário.**